Istrien

lieben lernen

Der perfekte Reiseführer für einen unvergesslichen Aufenthalt in Istrien inkl. Insider-Tipps und Tipps zum Geld sparen

Laura Junker

Alle Ratschläge in diesem Buch wurden sorgfältig erwogen und geprüft. Eine Garantie kann dennoch nicht übernommen werden. Eine Haftung für jegliche Personen-, Sach- und Vermögensschäden ist daher ausgeschlossen. Die Benutzung dieses Buches und die Umsetzung der darin enthaltenen Informationen erfolgt ausdrücklich auf eigenes Risiko.

✈ INHALT

Das erwartet Sie in diesem Buch

Sehnen Sie sich nach Entspannung am Strand bei kristallklarem Wasser? Nach wunderschöner Landschaft zum Entspannen, um dem Alltagsstress zu entfliehen? Sie denken, dass Sie dafür erst bis in die Karibik reisen müssen? Das ist nicht notwendig. Ein richtiges Paradies ist viel näher, als Sie jetzt vielleicht denken. Lernen Sie mit diesem Reiseführer die wunderschöne Halbinsel Istrien kennen und lieben. Mit diesem Buch sind Sie für Ihren nächsten Urlaub perfekt ausgestattet. Sie werden staunen, was diese wunderschöne Halbinsel alles zu bieten hat.

Ganz egal, ob Sie sich für historische Orte interessieren, gern sportlich aktiv sind in Ihrem Urlaub oder einfach die Seele am Strand baumeln lassen möchten. Sie werden feststellen, dass Istrien für jeden Geschmack etwas zu bieten hat. Auf dieser Halbinsel werden Sie mit Sicherheit einen unvergesslichen Urlaub erleben, an welchen Sie sich noch lang zurückerinnern werden.

Sind Sie sich unsicher, wie Sie am besten reisen? Sie wissen nicht, welche Unterkunft für Sie am besten geeignet ist, welche Orte Sie sich unbedingt anschauen sollten oder welchen Aktivitäten Sie auf der Halbinsel nachgehen können? Suchen Sie nach Tipps für einen Urlaub mit Kind oder Hund? Dann haben Sie mit diesem Reiseführer die richtige Wahl getroffen. Weiterhin erhalten Sie wertvolle Tipps, welche Ihren Urlaub sicherlich noch angenehmer gestalten.

Lassen Sie sich mit diesem Reiseführer bereits vor Ihrem Urlaub von Istrien verzaubern und steigern Sie die Vorfreude, bis die Reise endlich losgeht. Der Reiseführer begleitet Sie von der Planung der Reise bis zu Ihrem unvergesslichen Urlaub in Istrien.

Ich wünsche Ihnen daher nun viel Freude beim Entdecken von Istrien.

Wissenswertes über Istrien

GESCHICHTLICHER HINTERGRUND

Istrien hat eine aufregende Vergangenheit hinter sich. Im Laufe der Zeit wurde die Halbinsel von Römern, Griechen, Slawen, Venezianern und Habsburgern regiert. Ein paar Eckdaten möchte ich Ihnen nun kurz vorstellen. So können Sie sich später auch die verschiedenen tollen Bauwerke, die unterschiedlichen Sprachen sowie die bunte kroatische Küche besser erklären.

Im 11. Jahrhundert vor Chr. wurde Istrien von Histriern, Japodiern und Liburnern besiedelt. Im Jahr 300 v. Chr. diente Istrien zur Erweiterung des römischen Imperiums. Zu dieser Zeit wurden die heute berühmten Sehenswürdigkeiten, wie zum Beispiel das Amphitheater, errichtet. Im Jahr 1797 gehörte die Halbinsel dann zu Österreich. Ende des 19. Jahrhundert wurde Pula zum Hauptmilitärhafen der Monarchie Österreich-Ungarn. Nach dem Ersten Weltkrieg war Istrien im Jahr 1920 dann schließlich ein Teil Italiens. Istrien wird Sie daher häufig an Italien erinnern. Da das Land während der Herrschaftszeit der Habsburger zum italienischen Einflussbereich und zwischen dem Ersten Weltkrieg und dem Zweiten Weltkrieg zu Italien gehörte, finden Sie auch heute noch vereinzelt Straßenschilder, welche auf Italienisch und auf Kroatisch sind. Die Pariser Verträge teilten die Grenzen im Jahr 1949 neu auf. Istrien gehörte dann wieder zu Kroatien. Die einzige Ausnahme war die italienische Stadt Triest. Ein etwa 20 Kilometer langer Korridor gehört heute übrigens noch zu Slowenien. Die Region um Triest gehört weiterhin zu Italien. Der größte Teil gehört heute zu Kroatien.

Die vielen Veränderungen haben Istrien geprägt. Aber Genaueres dazu werden Sie im Verlauf des Reiseführers kennenlernen.

WUNDERSCHÖNE LANDSCHAFT UND ANGENEHMES KLIMA

Auch wenn Istrien mit einer Fläche von 2.800 km² nicht besonders groß ist, bietet die Halbinsel eine große Vielfalt an Landschaften.

Istrien ist an drei Seiten vom Meer umgeben und bietet eine abwechslungsreiche Küste. Es gibt felsige Steilküsten, welche immer wieder durch Sand- und Kiesstrände unterbrochen werden. Perfekt für alle, die gern in der Nähe des Meeres sind. Im Landesinneren finden Sie dagegen Hügelland und Berge. Weiterhin zieren viele Felder und Wiesen das Landesinnere, welche vor allem im Frühling ein atemberaubendes Bild ergeben. Weitere Merkmale sind die vielen Kiefern- und Pinienwälder, Weinberge und Olivenhaine. Durch die geringe Größe der Halbinsel erleben Sie innerhalb von kürzester Zeit die verschiedensten Landschaften. Die Landschaft Istriens ist daher vor allem für Naturliebhaber ein absolutes Highlight.

Zum Klima kann man sagen, dass es sehr mild ist. Die Temperaturen sind demnach im ganzen Jahr sehr angenehm, sodass ein Besuch der Insel zu jeder Jahreszeit sehr zu empfehlen ist.

SPRACHEN

Die Sprachen sind aufgrund der Dreifachteilung Istriens ähnlich vielfältig wie die Landschaft. Gesprochen wird Kroatisch, Slowenisch und auch Italienisch. Zusätzlich werden in manchen Regionen noch einige Mischsprachen gesprochen. Lassen Sie sich von diesen vielen Sprachen aber nicht verunsichern. In den Touristenregionen können Sie sich in der Regel ganz gut in Deutsch verständigen. Auch in Englisch können Sie sich teilweise mit den Einwohnern unterhalten. Hauptsächlich klappt die Verständigung in Deutsch beziehungsweise Englisch mit der jüngeren Generation ganz gut, da diese die Sprachen teilweise in der Schule lernen.

In kleineren Dörfern, die sich außerhalb der Touristenhochburgen befinden, ist die Verständigung teilweise etwas schwieriger. In den abgelegenen Orten ist häufig nur noch die ältere Generation wohnhaft, welche keine Fremdsprachen in der Schule gelernt hat. Aber lassen Sie sich auch davon nicht abschrecken, denn irgendwie kann man sich immer verständigen.

Die Einwohner finden es dennoch sehr sympathisch, wenn Sie sich bemühen, ein bisschen

Kroatisch zu sprechen. Höflich ist es auf jeden Fall, wenn Sie die Kroaten auf Kroatisch begrüßen können und sich auch auf Kroatisch bedanken können. Zur Begrüßung sagen Sie am besten „Dobar dan". Bedanken können Sie sich mit dem kurzen Wort „Hvala" und wenn Sie sich verabschieden, sagen Sie am besten „Doviđenja". Die Einwohner werden dies sehr zu schätzen wissen und direkt ein Lächeln auf den Lippen haben.

WÄHRUNG

Kroatien ist zwar Mitglied in der Europäischen Union, hat aber bisher den Euro nicht als Währung eingeführt. Die Landeswährung in Kroatien ist Kuna (internationales Währungskürzel „HRK"). Ein Kuna entspricht dabei 100 Lipa.

In Touristenregionen können Sie teilweise in Euro bezahlen. Empfehlenswert ist es allerdings, Ihr Geld in die kroatische Währung umzutauschen. Zum einen können Sie dann ruhigen Gewissens in allen Läden bar bezahlen und zum anderen sind die Kroaten stolz auf ihre Währung. Es ist also ebenfalls eine Frage der Höflichkeit.

Weiterhin ist der Umtausch des Geldes empfehlenswert, weil Sie beim Zahlen mit dem Euro nicht immer einen guten Wechselkurs erhalten.

Das Geld können Sie bereits in Deutschland tauschen oder auch einfach vor Ort. Gerade in den Touristenregionen gibt es unzählige Wechselstuben. Auch in Hotels besteht teilweise die Möglichkeit, sein Geld zu tauschen.

Tipp: Tauschen Sie das Geld vor Ort. In Deutschland fallen häufig Gebühren an, welche nicht unerheblich sind. Achten Sie jedoch in Istrien unbedingt auf den Wechselkurs, denn Touristenfallen können überall lauern. Der jeweilige Kurs ist in der Wechselstube beziehungsweise im Hotel ausgeschrieben. Gebühren fallen in Istrien beim Tauschen des Geldes nicht an. Falls doch, gehen Sie unbedingt zur nächsten Wechselstube.

EINWOHNER

Die in Istrien lebenden Menschen sind grundsätzlich freundlich, aufgeschlossen und freuen sich über die Touristen. Aber sehen Sie es den Einheimischen auch nach, wenn sie Mal nicht ganz so freundlich sind. Gerade in der Hochsaison wird Istrien von Touristen nahezu überflutet. Teilweise sind die Städte beziehungsweise auch die Autobahnen so voll, dass ein normaler Verkehr gar nicht mehr möglich ist.

Die Menschen, die dort leben, haben zur Hochsaison vermutlich keinen Urlaub, da die Haupteinnahmequelle Istriens der Tourismus ist. Entsprechend müssen sie zur Arbeit gelangen und ihre täglichen Erledigungen machen. Da kann es schon passieren, dass Sie mal auf einen etwas genervten Einwohner stoßen. Bleiben Sie dennoch freundlich und nehmen Sie es keinesfalls persönlich, denn persönlich ist es keinesfalls gemeint.

Was ist vor der Reise zu bedenken?

Unabhängig von der Buchung Ihrer Unterkunft und gegebenenfalls des Fluges gibt es noch ein paar Dinge, an welche Sie vor dem Antritt der Reise denken sollten.

Kontrollieren Sie, ob Ihr Personalausweis oder der Reisepass noch lange genug gültig sind. Auch bei der Anreise mit dem Auto müssen Sie diesen an der Grenze vorzeigen. Falls die Dokumente während des

Urlaubs ablaufen, empfiehlt es sich, diese vor der Reise neu zu beantragen und die neuen Dokumente einzupacken.

Wenn Sie mit Hund reisen, sollten Sie schon einige Wochen vorher schauen, ob er alle erforderlichen Impfungen hat, um eine Reise bis nach Istrien anzutreten. Sollte der Hund noch nicht alle Impfungen haben, sind nämlich gegebenenfalls Folgeimpfungen erforderlich, welche erst nach einem bestimmten Zeitraum stattfinden können. Sprechen Sie daher am besten frühzeitig mit Ihrem Tierarzt. Des Weiteren sollten Sie mit Ihrem Tierarzt über den Schutz vor Zecken und Mücken sprechen. Eine Vorbeugung vor Insekten empfehle ich sehr.

Weiterhin sollten Sie vor der Reise bereits Wasserschuhe mit fester Sohle für alle Mitreisenden kaufen. Diese sind zum Baden in Kroatien sehr empfehlenswert. Auch für Ihren Hund sollten Sie darüber nachdenken, Schuhe zu kaufen, damit er sich beim Baden nicht verletzt.

ANREISEMÖGLICHKEITEN

Es gibt verschiedene Möglichkeiten, wie Sie nach Istrien reisen können.

Die beliebteste Art der Anreise ist die mit dem eigenen Auto oder einem Mietwagen. Sie haben ausreichend Platz für Ihr Gepäck und sind im Urlaub unabhängig. Außerdem können Sie auf diese Weise entspannt Ihren Hund mit in den Urlaub nehmen. Bei der Nutzung des eigenen Autos können Sie weiterhin einen Zwischenstopp einlegen, sodass Sie noch weitere schöne Orte erkunden können. Ein guter Zwischenstopp ist beispielsweise in Österreich möglich. So können Sie sich schon mal bei frischer Bergluft auf den Urlaub einstimmen. Die Strecke von München bis nach Poreč beträgt etwa 560 Kilometer und die Fahrt dauert ohne Zwischenfälle etwa 6 Stunden. Unterschätzen Sie nicht die entsprechende Verlängerung der Strecke, wenn Sie die Reise aus dem nördlichen Teil von Deutschland antreten. Schnell kommt dann eine Fahrtstrecke von 1.000 Kilometern und eine Fahrtzeit von 10 Stunden zusammen.

Eine mögliche Reiseroute führt von München über Salzburg nach Villach und weiter über Tarnisio,

Udine, Triste und letztendlich Koper. Deutschland, Österreich, Italien und Slowenien durchfahren Sie dabei vollständig über die Autobahn. Auf der Strecke fallen einige Mautgebühren an.

In Österreich wird nahezu für die komplette Autobahn eine Vignette benötigt. Für Ihren Urlaub kommt wahrscheinlich entweder die 10-Tages-Vignette für 9,40 Euro oder die 2-Monats-Vignette für 27,40 Euro in Frage. Dazwischen gibt es leider keine Angebote. Weitere Gebühren fallen außerdem noch für den Tauern- und Katschenbergtunnel in Höhe von 12,50 Euro pro Fahrt und für den Karawankentunnel in Höhe von 7,50 Euro pro Fahrt an.

Sollten Sie in Österreich keine entsprechende Vignette haben oder diese nicht korrekt angebracht haben, kann Sie dies bis zu 220,00 Euro Strafe kosten. Sparen Sie also nicht an der falschen Stelle.

Achten Sie darauf, dass die Vignette gut sichtbar an der Windschutzscheibe angebracht ist. Am besten kleben Sie die Vignette an der Beifahrerseite an die Windschutzscheibe.

Auch in Slowenien haben Sie nur die Wahl zwischen einer 7-Tages-Vignette für 15,00 Euro oder einer Monatsvignette für 30,00 Euro. Auch hier fallen hohe Strafen an, wenn Sie keine Vignette haben oder diese nicht korrekt angebracht ist.

Wo können Sie die Vignetten kaufen? Die Vignetten können Sie während der Reise kaufen. An fast allen Tankstellen und Raststätten, welche sich vor einer Mautstrecke befinden, können Sie die Vignetten erwerben. Eine weitere Möglichkeit ist der Kauf der Vignetten vor der Reise. Beim ADAC können Sie sich diesbezüglich beraten lassen und die Vignetten bereits im Voraus kaufen beziehungsweise sich für die Videomaut registrieren lassen.

Tipp: Gerade in der Hochsaison ist es empfehlenswert, die Vignetten bereits vor Antritt der Reise zu kaufen bzw. sich für die Videomaut registrieren zu lassen. Der Vorteil der Videomaut besteht darin, dass Sie durch einen dafür an der Grenze vorgesehenen Bereich fahren können und somit in der Regel keine Minute anstehen müssen. Meist fahren Sie dann an einer langen Schlange von wartenden Touristen vorbei, welche sich nicht für die Videomaut registriert haben und anstehen müssen.

Lediglich für den Rückweg können Sie für den Kara- wankentunnel keine Vignette im Voraus kaufen. Dies muss an der entsprechenden Mautstation vor Ort geschehen.

In Kroatien ist ebenfalls eine Mautgebühr für die Nutzung der Autobahn zu entrichten. Dort gibt es allerdings keine Vignetten. Die Gebühr ist immer pro Nutzung der Strecke zu bezahlen. Die Höhe ist abhängig von der Länge der Strecke, welche Sie auf der Autobahn zurückgelegt haben.

Beim Auffahren auf die Autobahn fahren Sie durch eine Mautstelle. Sie erhalten dort ein Ticket, welches Sie beim Verlassen der Strecke wieder in der Mautstelle vorzeigen müssen. Die Gebühr zahlen Sie dann bestenfalls direkt in Kuna, da Sie beim Bezahlen mit Euro häufig einen schlechten Wechselkurs erhalten. Achten Sie daher bei der Anreise darauf, dass Sie entweder direkt Kuna dabei haben oder kleine Banknoten in Euro, damit Sie nicht so viel Rückgeld zum schlechten Wechselkurs erhalten. An den vorgesehenen Automaten ist außerdem auch eine Zahlung mit Geldkarte möglich.

Als zweite Möglichkeit können Sie auch mit dem Flugzeug anreisen. In der Region um Poreč gibt es zwei Flughäfen. An diesen gibt es auch zahlreiche Dienstleister, welche einen Transfer anbieten. Die Flugzeit von München nach Pula beträgt beispielsweise etwa eine Stunde. Zu beachten ist dabei natürlich auch, dass Sie zunächst zum Flughafen reisen müssen und etwa 2 Stunden vor Abflug am Flughafen sein müssen. In Istrien haben Sie dann natürlich auch noch den Weg in die Unterkunft vor sich. Sehr viel Zeit spart man mit dieser Variante somit auch nicht.

Inzwischen gibt es in einigen Großstädten auch Dienstleister, welche Busreisen nach Istrien anbieten. Beachten Sie dabei, dass die Busfahrt dabei in der Regel länger dauert als die Anreise mit dem eigenen PKW. Aber für alle ohne Auto und kleinen Geldbeutel sicherlich eine überlegenswerte Alternative.

Auch die Reise mit der Bahn ist inzwischen möglich. Natürlich müssen Sie dabei mehrmals umsteigen und haben eine entsprechend lange und anstrengende Anreise. Dies ist daher keine zu empfehlende Anreisemöglichkeit. Im Sommer hat die Deutsche Bahn gelegentlich Angebote, bei welchen Sie günstig und mit wenigen Umstiegen bis nach

Kroatien reisen können. Informieren Sie sich dazu aber bitte direkt bei der Deutschen Bahn.

WELCHE UNTERKUNFT IST DIE RICHTIGE?

Die Unterkunft sollte in Abhängigkeit Ihrer Urlaubsplanung ausgewählt werden. Sind Sie täglich sehr viel unterwegs oder möchten Sie auch ein paar Stunden am Tag in Ihrer Unterkunft verbringen? Ein weiterer wichtiger Aspekt ist natürlich auch Ihre Mobilität. Wenn Sie mit dem PKW angereist sind, können Sie auch im Landesinneren eine Unterkunft buchen. Sollten Sie mit dem Bus oder dem Flugzeug angereist sein, empfiehlt sich eine Unterkunft in einer der großen Städte (beispielsweise Poreč oder Pula). Mit den öffentlichen Verkehrsmitteln kann sich die Fortbewegung im Landesinneren als ziemlich schwierig erweisen.

Sollten Sie mit einem Hund anreisen, ist natürlich darauf zu achten, dass dieser in der Unterkunft gestattet ist.

Ein empfehlenswertes Hotel bei Pula ist beispielsweise das Hotel „Boutique Hotel Oasi". Es liegt in Pješčana Uvala, einer ruhig gelegenen Bucht. Das Hotel bietet einen Außenpool und einen tollen Wellnessbereich zum Entspannen. Außerdem besitzt es ein eigenes Restaurant. Alle täglichen Mahlzeiten können Sie daher bei Bedarf direkt im Hotel zu sich nehmen. Der Kieselstrand ist nur etwa 200 Meter vom Hotel entfernt und auch Sehenswürdigkeiten wie das Amphitheater sind fußläufig in wenigen Minuten zu erreichen. Auch der öffentliche Nahverkehr ist von diesem Hotel gut zu erreichen. Der Flughafen Pula ist nur etwa 9 Kilometer entfernt. Somit ist es sowohl für die im PKW angereisten als auch für die mit dem Flugzeug angereisten Touristen sehr zu empfehlen. Die freundlichen Mitarbeiter des Hotels tragen zu einem sehr erholsamen Urlaub bei, an welchen Sie sich noch lange positiv zurückerinnern werden. Schauen Sie sich am besten im Internet um oder fragen Sie nach weiteren Hotels in einem Reisebüro, um das für Sie perfekte zu finden.

Istrien hat auch unzählige schöne Ferienwohnungen oder auch Ferienhäuser zu bieten. Gerade im Landesinneren gibt es in den unzähligen kleinen Städten und Dörfern wunderschöne Unterkünfte. Die Häuser sind dann meistens sehr ruhig gelegen und garantieren absolute Erholung. Perfekt für alle, die nicht viel Trubel in ihrem Urlaub benötigen. Zu beachten ist jedoch, dass die meisten Unterkünfte im Landesinneren am besten mit dem Auto zu erreichen sind. Die Anreise mit den öffentlichen Verkehrsmitteln ist grundsätzlich nicht zu empfehlen.

Besonders schön sind Ferienhäuser, welche eine Terrasse und einen Grill besitzen. Sie können die Abende dann entspannt unter freiem Himmel ausklingen lassen und auf dem Markt gekaufte Spezialitäten im Ferienhaus auf dem Grill eigenständig zubereiten. Kleine Ferienhäuser mit wenig Ausstattung können Sie bereits etwa ab 250,00 Euro pro Woche mieten. Je mehr Ausstattung Sie möchten, desto höher ist natürlich der Preis.

> Tipp: Fragen Sie Bekannte oder Freunde, ob Sie auch einen Urlaub in Istrien geplant haben. Sie können sich dann gemeinsam ein Ferienhaus mieten, sparen deutlich an Ausgaben und sind dennoch unter sich.

Die Buchung eines Ferienhauses oder einer Ferienwohnung kann privat, oder auch über eine Agentur erfolgen. Eine empfehlenswerte Seite für die

Buchung solcher Unterkünfte ist www.ferienhaus-miete.de. Dabei handelt es sich um eine allgemeine Seite, welche nicht auf Istrien spezialisiert ist, aber dennoch tolle Angebote hat. Sobald Sie auf ein Objekt klicken und bei den Kontaktdaten schauen, sehen Sie, dass entweder eine Privatperson oder eine Agentur angegeben ist.

Beide Buchungsoptionen haben natürlich ihre Vor- und Nachteile. Bei der privaten Vermietung können Sie häufig ein wenig Geld sparen. Außerdem können Sie mit Privatpersonen einige Dinge etwas flexibler klären. Ein Nachteil ist natürlich, dass Sie sonst keinen Ansprechpartner haben. Sollte der Vermieter sich beispielsweise nicht um einen gemeldeten Schaden kümmern, können Sie in der Regel nichts weiter unternehmen.

Bei der Anmietung bei einer Agentur haben Sie für solche Fälle einen Ansprechpartner vor Ort, welcher in der Regel auch Deutsch oder Englisch sprechen kann. Sollten Sie ein Problem mit Ihrer Unterkunft haben, dann können Sie sich einfach an die jeweilige Agentur wenden. Ein Nachteil der Agentur ist allerdings, dass Sie den Schlüssel für das Ferienhaus oder die Ferienwohnung in der Agentur abholen müssen. Diese liegt natürlich nicht immer in unmittelbarere Nähe Ihres Ferienhauses, sondern häufig in einer der größeren Städte. Das heißt für Sie, dass Sie eventuell zunächst an Ihrem Ferienhaus vorbeifahren und sich durch den Trubel der Stadt drängen müssen, um an den Schlüssel zu kommen. Nach so einer langen Fahrt würde man sich einen solchen Umweg natürlich gern ersparen.

Welche Variante Ihnen lieber ist, müssen Sie am Ende selbst entscheiden. Aus eigener Erfahrung kann ich berichten, dass es bei beiden Varianten bisher keine Probleme gab und immer alles zu meiner vollsten Zufriedenheit war.

ISTRIEN MIT DEM WOHNMOBIL ENTDECKEN

Sie sind gern flexibel und entdecken neue Orte lieber mit dem Wohnmobil? Kein Problem. Auch darauf ist Istrien bestens vorbereitet.

Zunächst ist allerdings zu erwähnen, dass Wildcampen in Kroatien verboten ist. Wenn Sie dabei erwischt werden, müssen Sie mit einer Geldstrafe von etwa 400,00 Euro rechnen. Weiterhin ist es untersagt, auf Raststätten oder Parkplätzen zu übernachten oder zu campen. Das Campen mit einem Wohnmobil ist in ganz Istrien nur innerhalb registrierter Campingplätze erlaubt.

Die Reise im eigenen Wohnmobil wird immer beliebter. Entsprechend viele Campingplätze gibt es inzwischen auch auf der Halbinsel. Erkundigen Sie sich unbedingt vor Ihrer Reise nach den passenden Campingplätzen, da diese gerade in der Hochsaison sehr begehrt sind. Im Internet finden Sie unter www.camping.hr viele Campingplätze in Istrien. Sie erhalten auf der Website auch bereits die wichtigsten Infos, beispielsweise zu den Sanitäreinrichtungen, ob dieser für Kinder geeignet ist, oder auch ob Hunde auf dem jeweiligen Campingplatz erlaubt sind.

Die Preise der Campingplätze sind abhängig von der jeweiligen Lage des Platzes und natürlich von der Ausstattung und dem dort angebotenen Programm. Überlegen Sie sich daher vor der Buchung, ob Sie unbedingt einen Campingplatz mit Animationsprogramm möchten oder ob Sie darauf verzichten können. Auch hier gilt, umso mehr Ausstattung, desto höher der Preis. In der Regel sind die

Campingplätze in Istrien inzwischen gut ausgestattet und verfügen beispielsweise über einen Internetzugang. So haben Sie vor Ort die Möglichkeit, Ihre Ausflugsziele noch genau zu planen.

Empfehlenswert ist der 4-Sterne Campingplatz „Bijela Uvala", welcher sich ganz in der Nähe von Poreč befindet. Es ist als eines der besten kroatischen Camps bekannt und besitzt eine ADAC-Qualitätsauszeichnung. Dieser Campingplatz lässt definitiv keine Wünsche offen. Der Platz ist für etwa 6.000 Personen ausgelegt und damit nicht für Menschen, welche die absolute Ruhe wünschen. Dafür erwarten Sie einige Sport- und Entspannungsangebote, ein Schwimmbecken, ein Strand, eine Tanzfläche, Restaurants, Bars, ein Supermarkt und ein Souvenirshop.

Auch für Kinder wird es auf diesem Campingplatz nicht langweilig. Es gibt einen sogenannten Mini-Klub, von welchem verschiedene Workshops, organisierte Spiele und sportliche Aktivitäten angeboten werden. So können Sie sich als Elternteil auch mal entspannt zurücklehnen. Bei diesem vielfältigen Angebot wird es Ihnen in Ihrem Urlaub an nichts fehlen. Wenn Sie Interesse haben, können Sie über

die Internetseite www.istracamping.com buchen.
Einen Stellplatz für 6 Nächte erhalten Sie auf diesem
Campingplatz ab knapp 280,00 Euro.

Städte zum Staunen

Istrien hat viele schöne Städte zu bieten. Alle kann ich Ihnen natürlich nicht vorstellen, sodass ich mich an dieser Stelle für drei Städte entschieden habe, welche Sie sich unbedingt in Ihrem Urlaub anschauen müssen.

PULA

Diese Stadt wird Sie auf jeden Fall verzaubern. Pula hat alles zu bieten, was sich ein Tourist wünscht. Zum einen gibt es das Meer mit dem wunderschönen Hafen und zum anderen gibt es viel Kunst und Kultur zu entdecken, während Sie durch die schönen Gassen der Stadt schlendern.

Für die Entdeckung Pulas sollten Sie mindestens einen Tag einplanen. Es lohnt sich aber definitiv auch, noch einen zweiten Tag in dieser wunderschönen Stadt zu verbringen.

Ein unbedingtes Muss ist die Besichtigung der wohl bekanntesten Sehenswürdigkeit von Pula. Damit meine ich das beeindruckende römische Amphitheater. Tagsüber haben Sie die Möglichkeit, das Theater für 50 Kuna (etwa 7,00 Euro) zu besichtigen. Kinder und Studenten zahlen nur die Hälfte. Am Abend besteht vor allem im Sommer häufig die Möglichkeit, eine Filmvorführung, ein Konzert, eine Oper oder ein Ballett zu besuchen. Eine Vorführung vor dieser malerischen Kulisse werden Sie definitiv niemals vergessen. Auch den unteren Teil des Amphitheaters können Sie heute noch besichtigen. Dort, wo sich früher die Gladiatoren und Löwen vor den

Spielen aufhielten, befindet sich heute ein Museum. Dieses ist der Geschichte der Olivenöl- und Weinproduktion in Istrien gewidmet. Aber unabhängig davon ist es einfach ein beeindruckendes Gefühl, da zu sein, wo sich früher die Gladiatoren aufgehalten haben. Der Eintritt in das Museum ist in dem oben genannten Preis bereits enthalten. Sie haben täglich die Möglichkeit, dieses tolle Theater zu besichtigen. Die Öffnungszeiten variieren je nach Jahreszeit. Im Winter ist eine Besichtigung zwischen 9 und 17 Uhr möglich und im Sommer von 8 bis 21 Uhr. In der Hochsaison, also im Juli und August, ist sogar von 8 bis 24 Uhr geöffnet. Falls Ihnen der Eintritt zu teuer ist, können Sie das Theater auch von außen bewundern. Außerdem können Sie dennoch einen Blick hinein werfen, für den Sie nichts zahlen müssen. Es gibt einen Treppenaufgang, welchen Sie kostenlos betreten können, um einen Blick in das Theater zu riskieren.

Weiterhin sollten Sie in Pula unbedingt die Stufen überwinden, welche zum Fort Punta Chriso führen. Es ist die größte österreichisch-ungarische Festung. Von oben haben Sie einen atemberaubenden Blick über die Stadt und den Hafen. Im Inneren der

Festung gibt es immer wieder wechselnde Ausstellungen. Schauen Sie daher einfach vor Ort, ob die aktuelle Ausstellung Ihr Interesse weckt. Ansonsten finden dort viele Festivals statt. Vielleicht möchten Sie auch ein besuchen? Der Preis variiert je nach Ausstellung und Veranstaltung, daher gibt es hier keine festen Preisangaben.

Auf dem Platz der Republik finden Sie schon das nächste Highlight der Stadt. Es handelt sich dabei um den Augustustempel. Dieser ist der Göttin Roma und dem Kaiser Augustus gewidmet. Der Tempel wurde übrigens während des Zweiten Weltkrieges nahezu vollständig zerstört und in den darauf folgenden Jahren wieder aufgebaut. Heute finden Sie in dem Tempel eine kleine Ausstellung der antiken Stein- und Bronzestatuen. Der Tempel kann im Sommer von Montag bis Freitag zwischen 9 und 21 Uhr, sowie samstags und sonntags von 10 bis 15 Uhr besichtigt werden. Der Eintritt beträgt für Erwachsene 10 Kuna (etwa 1,30 Euro). Kinder sowie Studenten zahlen wieder die Hälfte.

Als Tourist sollten Sie auch unbedingt einmal durch den 8 Meter hohen Triumphbogen gehen. Dieser befindet sich in der Innenstadt von Pula und wird auch als „Goldenes Tor" oder „Sergierbogen" bezeichnet, da sich früher an dieser Stelle auch das Haupttor der Stadt befand. Bezahlen müssen Sie natürlich nichts, um durch den Triumphbogen zu laufen.

Auch sehr empfehlenswert ist ein Besuch in der sogenannten Zerostrasse. Dort bekommen Sie mit Sicherheit eine Gänsehaut. In Pula gibt es drei Eingänge in das Tunnelsystem. Wenn Sie vom Amphitheater Richtung Triumphbogen laufen, kommen Sie direkt an einem Eingang vorbei. Den Eingang können Sie nicht verfehlen. Dieses Tunnelsystem wurde im Ersten Weltkrieg angelegt, um die Zivilbevölkerung bei Luftangriffen zu schützen. Falls Sie einen Besuch in der Zerostrasse planen, rate ich Ihnen, eine Jacke einzupacken, da in dem Tunnelsystem lediglich 14 und 18 Grad herrschen. Für einen Besuch zahlen Erwachsene 15 Kuna (etwa 2,00 Euro) und für Kinder und Studenten kostet der Eintritt 5 Kuna (entspricht knapp 0,70 Euro). Für eine Besichtigung sollten Sie etwa 1,5 Stunden einplanen. Und haben Sie keine Angst, dass Sie sich verlaufen könnten. Bisher haben alle wieder herausgefunden, also schaffen Sie das auch.

Wer sich für die römische Baukunst interessiert, sollte sich auch unbedingt das kleine römische Theater anschauen. Es sind noch einige Überreste zu sehen, welche auch heute noch sehr eindrucksvoll sind. Ein Vorteil ist, dass Sie dieses kostenlos besuchen können. Es befindet sich am Hang des Hügels unterhalb des Kastells. Durch die gute Lage hat man auch von dort eine tolle Aussicht.

Eine sehr empfehlenswerte Variante, um die Stadt Pula zu entdecken, ist die „Hop on - Hop off" Tour mit dem Bus. Vor dem Amphitheater befindet sich ein Promostand, an welchem Sie weitere Infos erhalten. Im Zeitraum vom 15.04. bis 15.10. haben Sie die Möglichkeit, eine solche Tour zu machen. Die Karten für die Tour kaufen Sie entweder an diesem Stand oder direkt im Bus. Auch an einigen Hotelrezeptionen, in Ferienanlagen und auf Campingplätzen können Sie die Karten bereits kaufen.

Die Tour umfasst insgesamt 7 Haltestellen, an welchen Sie Aus- und Einsteigen können, wie Sie möchten. Die erste Haltestelle ist das Amphitheater. Die zweite Haltestelle befindet sich im Stadtteil Glardini, in welchem Sie eine wunderschöne Parkanlage vorfinden. Im Süden des Stadtteils kommen Sie dann auch am Triumphbogen vorbei. Die dritte Haltestelle befindet sich an der Marinekirche. Diese können Sie besichtigen und eindrucksvolle Statuen sowie Bildermosaike entdecken. Die nächste Haltestelle befindet sich im Stadtteil Stoja in der Nähe der Bucht Valkane. Sehenswert ist dort der riesige Marinefriedhof. Die fünfte Haltestelle ist am Zlatne Stijene Resort, bei welchem sich ein weiteres Fort befindet.

Damit ist das Fort Bourguignon gemeint. Die vorletzte Haltestelle ist an der Halbinsel Verudela. Schauen Sie dort unbedingt bei der Festung Marina Vendela vorbei, wenn Sie diese Tour machen. In dieser Festung finden Sie außerdem noch ein Aquarium, welches ich Ihnen auch empfehlen kann. Die letzte Haltestelle befindet sich an der Universität Juraj Dobrila. Es ist die jüngste Universität Kroatiens, weshalb vermutlich auch da eine Haltestelle eingerichtet wurde. Die Kroaten sind sehr stolz auf den modernen Bau. In der Nähe finden Sie außerdem noch einen Fisch- und einen grünen Markt. Dort haben Sie die Möglichkeit, sehr gute und frische Lebensmittel zu kaufen. Die Bustour kostet für Erwachsene 90 Kuna (etwa 12,00 Euro) und für Kinder zwischen 5 und 15 Jahren 45 Kuna (etwa 6,00 Euro).

Alle Kinder unter 5 Jahren, dürfen kostenlos mitfahren.

Nun wissen Sie, weshalb es sich lohnt, zwei Tage einzuplanen. Es gibt einfach zu viele schöne Orte zu entdecken. Aber überzeugen Sie sich am besten selbst.

POREČ

Auch in Poreč kommen Kulturinteressierte wieder voll auf ihre Kosten. Aber auch Badefans kommen in dieser Stadt nicht zu kurz. Die wunderschöne Altstadt verzaubert mit ihren kleinen Gassen und Plätzen. Auch der Hafen mit der bezaubernden Uferpromenade ist eine wahre Schönheit.

Der Hauptplatz der Stadt ist der sogenannte Platz Slobode. Auf diesem befindet sich die Kirche Gospe od Andela. Auf diesem Platz, welcher auch Freiheitsplatz genannt wird, werden viele Veranstaltungen ausgetragen. Vielleicht haben Sie Glück und Sie können an Ihrem Reisetag eine Veranstaltung bestaunen. Ansonsten können Sie auch bei einer Tasse Kaffee oder bei dem Genuss einer leckeren Pizza den Platz in Ruhe auf sich wirken lassen. Empfehlen kann ich Ihnen an dieser Stelle das Restaurant „Korzo Coffee & Food". Bei einer Auswahl von italienischen, britischen und mitteleuropäischen Speisen werden Sie sicher fündig. Das Angebot reicht vom Frühstück über das Mittagessen bis hin zum Abendessen.

Ein Highlight der Stadt, welches Sie sich unbedingt anschauen müssen, ist die Euphrasius- Basilika. Vom Glockenturm haben Sie eine beeindruckende Aussicht auf die Stadt. Im Altarraum befinden sich atemberaubende Wand- und Deckengemälde aus Mosaiken. Die Euphrasius- Basilika wurde 1997 zum UNESCO-Weltkulturerbe ernannt. Wenn Sie vor Ort waren, wissen Sie definitiv auch warum. Der Eintritt kostet für Erwachsene 50 Kuna (etwa 6,60 Euro). Schüler und Studenten zahlen die Hälfte. Die Öffnungszeiten sind je nach Jahreszeit sehr unterschiedlich. Von April bis Juni können Sie die Kirche von 9 bis 18 Uhr besichtigen und im Zeitraum von Juli bis August hat diese täglich von 9 bis 21 Uhr geöffnet. Weitere Informationen und die genauen Öffnungszeiten für die restlichen Monate finden Sie unter www.istra.hr.

Eine Küstenstadt wie Poreč hatte damals

natürlich auch eine Mauer mit entsprechenden Türmen, um Feinde frühzeitig zu erblicken und sich entsprechend vor ihnen zu schützen. Ursprünglich gab es elf Türme, von welchen heute allerdings nur noch drei teilweise erhalten sind. Zu sehen ist noch der „Fünfeckige Turm", welchen Sie am venezianischen Löwen erkennen. Weiterhin ist noch der „Runde Turm" erhalten. In diesem ist heute eine Bar mit schöner Terrasse. Ein schöner Ort, um sich von der Sightseeingtour kurz zu erholen. Außerdem hat man von diesem Turm auch eine tolle Aussicht auf den Hafen der Stadt. Allerdings ist der Turm nur in den Sommermonaten geöffnet. Der „Nördliche Turm" ist lediglich eine Ruine, an welchem aktuell noch Forschungsarbeiten durchgeführt werden. Sobald diese abgeschlossen sind, soll aber auch dieser Turm restauriert werden.

Wie bereits erwähnt hat Poreč auch herrliche Strände zu bieten. Man kann auch sagen, dass sich einige der schönsten Strände von ganz Istrien in Poreč befinden. Perfekt also, um sich nach einer anstrengenden Sightseeingtour noch im kristallklaren Wasser abzukühlen. Sie können zum Beispiel den Strand „Astra" besuchen. Dieser befindet sich im

Resort Zelena und ist etwa 200 Meter lang. Dort haben Sie die Auswahl zwischen Kiesstrand und Naturfels. Hier werden auch einige Wasseraktivitäten angeboten. Beispielsweise können Sie sich ein Tretboot oder ein Paddelboot ausleihen und die Stadt beziehungsweise den Hafen noch ein wenig vom Meer aus bestaunen. Wer eine größere Tour machen möchte, kann sich dort sogar ein Motor- oder Schnellboot leihen. Sie werden also sicherlich fündig und Langeweile wird definitiv nicht aufkommen.

ROVINJ

Eine weitere großartige Stadt ist Rovinj. Diese befindet sich an der Westküste Istriens und ist bekannt als eines der malerischsten und romantischsten Städtchen.

Rovinj war und ist auch heute noch ein kleiner Fischerort. Daher finden auch heute noch gelegentlich sogenannte Fischfeste statt. Des Weiteren sind in der Stadt auch einige Galerien zu finden, wodurch Rovinj ein beliebter Treffpunkt für Künstler aus der ganzen Welt ist.

Auch bei dieser Stadt ist es schwierig, Ihnen

alles Sehenswerte vorzustellen. Die Stadt hat einfach so viele tolle Orte zu bieten.

Was Sie auf jeden Fall tun sollten, ist gemütlich durch die bezaubernde Altstadt zu schlendern. Da der Platz sehr begrenzt war, als die Stadt errichtet wurde, ist die Bebauung erstaunlich dicht. Viele hohe und teilweise sehr schmale Häuser, sowie schmale Gassen und kleine Plätze zieren die Altstadt.

Zu empfehlen ist auch ein Besuch im Franziskanerkloster und in der Kirche des Hl. Franziskus, welche in der Straße de Amicis zu finden sind. In dem Kloster befinden sich eine Bibliothek und ein Museum sakraler Kunstgegenstände. Der Besuch des Klosters ist auf jeden Fall ein Muss für alle Barockliebhaber.

Auf dem Weg durch die Stadt sollten Sie auch unbedingt an der Hl. Euphemia vorbeigehen. Es ist ein besonderes Bauwerk im venezianischen Stil und das größte Denkmal der Stadt. Den Glockenturm sehen Sie bereits von Weitem herausragen. Dieser Glockenturm ist übrigens auch der höchste Turm Istriens und kann bestiegen werden. Aber Achtung: Der Aufstieg ist sehr schmal, was gerade für kleine Kinder sehr anstrengend sein kann. Haben Sie den Turm allerdings erfolgreich bestiegen, werden Sie mit einem wunderschönen Ausblick belohnt. In den Sommermonaten können Sie die Kirche inklusive des Glockenturms von 10 bis 18 Uhr besichtigen. Der Eintritt beträgt für Erwachsene 20 Kuna (etwa 2,60 Euro). Für Kinder und Studenten beträgt der Eintritt wieder die Hälfte.

Falls das Wetter nicht zu einer ausgiebigen Stadttour einlädt oder Sie einfach für die adriatische Unterwasserwelt zu begeistern sind, ist das Aquarium in Rovinj auch sehr zu empfehlen.

Ein ganz besonderes Highlight ist das fast jährlich stattfindende Salsa Festival in der Stadt. Die Stadt wird dann für viele Tänzer aus der ganzen Welt zu einer Tanzfläche. Sie können sozusagen von früh bis abends bei bester Stimmung und Atmosphäre tanzen. In dieser Zeit werden auch verschiedene Workshops angeboten. Also falls Sie Salsa lernen möchten, wäre dies die perfekte Möglichkeit. Sollten Sie das Glück haben und sich genau in diesem Zeitraum in Ihrem Urlaub befinden, müssen Sie dort unbedingt vorbeischauen. Das nächste Festival findet im Zeitraum vom 29.06.2020 bis zum 06.07.2020 statt.

Unvergessliche Orte

NATIONALPARK BRIJUNI

Die Inselgruppe Brijuni ist an der Südwest-
küste von Istrien zu finden und liegt direkt
vor der Stadt Pula. Der Nationalpark umfasst etwa 36km² mit insgesamt 14 Inseln. Die
größte Insel, Veliki Brijun, verfügt sogar über Hotel-
anlagen und einen Tierpark. Zu sehen bekommen Sie
dort unter anderem Nilantilopen, Elefanten und Zeb-
ras.

Tipp: Nehmen Sie, falls vorhanden, unbedingt ein
Fernglas mit. So können Sie die Tiere noch besser beobachten.

Erwähnenswert ist aber auch die eindrucksvolle Landschaft und Tierwelt außerhalb des Parkes. Es besteht die Möglichkeit, dass Sie unter anderem Damhirsche oder auch Mufflons in freier Wildbahn erleben können. Für Tier- und Pflanzenliebhaber ein unvergessliches Erlebnis.

Diese Insel ist frei zugänglich. Die restlichen 13 Inseln sind leider teilweise in staatlichem und teilweise in privatem Besitz und somit nicht zu erkunden. Da die Inseln bewacht werden, sollten Sie auch keinesfalls versuchen, mit einem eigenen Boot an einer der Inseln anzulegen.

Haben Sie Interesse, die Insel Veliki Brijun zu besuchen? Dann nutzen Sie dafür am besten die öffentliche Fähre. Diese fährt von Pula oder auch von dem Ort Fazana. Eine eigenständige Erkundung ist meines Wissens nach inzwischen nicht mehr möglich. Lediglich die Hotelgäste haben die Möglichkeit, sich frei auf der Insel zu bewegen. Der Preis für die Fähre inklusive einer Tagestour ist stark saisonabhängig. In der Hochsaison kostet die Tour für Erwachsene beispielsweise 210 Kuna (knapp 28,00 Euro). Für Kinder kostet der Ausflug 105 Kuna (knapp 14,00 Euro). Die Touren werden in verschiedenen Sprachen angeboten, sodass Sie keine Sorge haben müssen, dass Sie am Ende nichts verstehen können. Es werden allerdings auch verschiedene Touren mit unterschiedlichen Anlaufpunkten auf der Insel angeboten. Schauen Sie am besten einfach auf www.np-brijuni.hr, welche Tour Sie anspricht. Eine Buchung kann vor Ort erfolgen oder auch über die genannnte Website.

NATURPARK UČKA

Sie sind gern sportlich aktiv? Dann ist der 160 km² große Naturpark sicher genau das richtige für Sie. Der Park befindet sich im Osten der Halbinsel Istriens und verläuft bis zur Kvarner Bucht. Zu dem Park gehört das Učka Gebirge und ein Teil der Cicarija Bergkette. Ein guter Startpunkt ist der Poklon. Dort befindet sich auch ein Parkplatz, auf welchem Sie Ihr Auto abstellen können. Weiterhin finden Sie dort eine Touristeninformation.

Der Park bietet offizielle Wanderwege von insgesamt 200 Kilometern. Es gibt viele Raststätten und Restaurants, in welchen Sie Spezialitäten aus der Region genießen können, um neue Energie zu tanken.

In dem Naturpark gibt es einige sogenannte Lehr-pfade. Auf diesen Strecken befinden sich einige In-formationstafeln, welche über Flora und Fauna in-formieren. Für die Bewältigung der Pfade sollte man etwa 45 Minuten bis 1,5 Stunden einplanen. Vor An-tritt der Wanderung informieren Sie sich aber am besten bei der Touristeninformation vor Ort. Tragen Sie auch unbedingt festes Schuhwerk, wenn Sie eine Wanderung planen. Außerdem sollten Sie ein Jäck-chen einpacken, da es auf den höher gelegenen Punkten etwas frischer sein kann. Zu empfehlen sind Routen, welche über den Gipfel Vojak führen. Dieser liegt etwa 1.400 Meter über dem Meer und bietet so-mit einen gigantischen Ausblick. Besondere Ange-bote des Parks sind geführte Wandertouren. Diese Wanderungen finden nur auf Anfrage statt. Fragen Sie auch diesbezüglich bei der Touristeninformation vor Ort nach.

Es kostet keinen Eintritt, den Naturpark Učka ei-genständig zu erkunden. Sollten Sie eine geführte Tour in Anspruch nehmen, ist der Preis abhängig von der Länge der Tour.

Falls Sie lieber mit dem Fahrrad unterwegs sind, können Sie den Park auch mit dem Mountainbike oder dem Crossbike erkunden. Es gibt einige extra ausgewiesene Strecken für die Erkundung mit dem Rad. Das Wegnetz für die Radtouren beläuft sich auf 180 Kilometer. Es gibt unterschiedliche Schwierigkeitsgrade, sodass sowohl für Familien mit Kindern als auch für erfahrene Radfahrer eine geeignete Route dabei ist.

Sie haben Interesse an einer Radtour, aber wollen oder können Ihr eigenes Bike nicht mit in den Urlaub nehmen? Gar kein Problem! In der Nähe gibt es einige Fahrradverleiher. Bei der Kvarner Bucht ist „AlpiRent" in Fuzine sehr zu empfehlen. Ein toller Service von diesem Anbieter ist, dass dieser das Bike an einen gewünschten Ort liefert, sofern Sie mindestens einen Tag vorher reservieren. Die Miete für ein Mountainbike beträgt für einen Tag 100 Kuna (etwa 13,20 Euro). In diesem Preis sind bereits ein Helm und die Versicherung enthalten. Schauen Sie am besten einmal auf der Homepage des Anbieters unter www.alpirent.com vorbei. Die Seite ist zwar auf Kroatisch, allerdings sind die Preise dennoch zu verstehen. Sollten Sie Interesse an der Anmietung eines oder mehrerer Fahrräder haben, können Sie einfach bei dem Verleiher anrufen. Sollten Sie in einem Hotel oder auf einem Campingplatz unterkommen, können Sie auch einfach an der Rezeption um entsprechende Reservierung bitten. In der Regel kümmern sich die Mitarbeiter gern um Ihr Anliegen.

Eine Tour mit dem eigenen Rad kann ich nur empfehlen, wenn Sie auch ein Mountainbike oder Crossbike besitzen. Da die meisten Strecken teilweise über Schotter führen, ist eine Tour mit einem herkömmlichen Fahrrad nicht zu empfehlen.

LIMSKI–KANAL

Der etwa 11 Kilometer lange Kanal verläuft von Rovinj und Vrsar. Dieser Kanal hat einen sehr hohen Sauerstoffgehalt und einen geringen Salzgehalt. Aus diesen Gründen finden Sie entlang des Ufers einige Fisch- und Muschelzuchtbetriebe. Sollten Sie also gern Fisch oder Muscheln essen, sollten Sie unbedingt in einem ortsansässigen Restaurant einen Halt machen.

Zur Entdeckung des Kanals ist eine Bootstour zu empfehlen. Ab Pula, Poreč oder auch Rovinj fahren starten regelmäßig solche Bootstouren. Aber auch von anderen Orten starten vereinzelt Bootstouren zum Kanal. Die Bootstour kostet für Erwachsene immer etwa 150 Kuna (knapp 20,00 Euro). Kinder zahlen in der Regel wieder die Hälfte.

Für Badefans ist zu beachten, dass Baden im Limski- Kanal nur an wenigen ausgeschilderten Stellen erlaubt ist.

Sollten Sie kein Interesse an einer Bootstour haben, können Sie den Kanal auch vom Land aus betrachtet. Von dort haben Sie einen wunderschönen Ausblick. Die Erkundung auf dem Landweg kostet Sie außerdem nichts. Lediglich für die Parkgebühr müssen Sie ein paar Kuna einplanen, da in dieser Region alle öffentlichen Parkplätze kostenpflichtig sind.

GEISTERSTADT DVIGRAD

Wenn Sie einen Ausflug zum Limski- Kanal gemacht haben, lohnt sich im Anschluss noch ein Besuch der Geisterstadt Dvigrad. In der Geisterstadt gibt es einige Ruinen zu sehen, welche zum einen für Geschichtsinteressierte, aber auch für Fotografen sehr sehenswert sind. Es ist auf eine Art ein bedrückendes Gefühl, durch eine solche Geisterstadt zu schlendern, zum anderen ist es aber auch ein unglaubliches Erlebnis. Die Stadt kann kostenlos besichtigt werden und ist somit auch für alle mit einer kleinen Reisekasse sehr zu empfehlen.

HUM – DIE KLEINSTE STADT DER WELT

Ein weiterer besonderer Ort ist diese kleine Stadt, in der weniger als 30 Einwohner leben. Diese befindet sich in der westkroatischen Region Istriens. Sie hat ihr mittelalterliches Stadtbild erhalten, sodass man sich direkt in der Zeit zurückversetzt fühlt. In Hum gibt es lediglich 2 Gassen und ein paar Verbindungsstraßen. Zum Großteil ist die Stadt noch von einer Mauer umgeben, wodurch die Stadt auch durch ein kleines Stadttor betreten werden muss. Es ist definitiv sehr beeindruckend, eine solche Stadt zu besuchen. Wenn Sie Schnapsliebhaber sind, ist ein Besuch in Hum auch sehr zu empfehlen. Dort wird der sogenannte „Biska" gebrannt. Der Legende nach wurde dieses Mittel von Druiden erfunden und soll gegen hohen Blutdruck helfen. Aber probieren Sie es doch einfach selbst!

KAP KAMENJAK

Das Kap ist die südlichste Spitze der Halbinsel Istrien und ein richtiges Paradies. Es ist ein perfektes Ausflugsziel für Badefans, Wassersportler, Wanderer und Naturfreunde. Das Kap Kamenjak ist ein Naturschutzgebiet mit mehr als 580 verschiedenen Pflanzenarten und etwa 200 verschiedenen Vogelarten.

Tipp: Nehmen Sie auch hier am besten, falls vorhanden, ein Fernglas mit. So können Sie die verschiedenen Vogelarten besser beobachten.

Auch die etwa 30 Badebuchten sind ein Traum. Sie haben so die Möglichkeit, ganz ungestört dem Rauschen der Wellen zu lauschen und die Seele baumeln zu lassen.

Für alle, die gerne Sprünge aus der Höhe wagen, eignet sich die Bucht Velika Kolombarcia besonders gut. Die Felsen dort sind glatt und bestens zum Springen in das wunderschöne Meer geeignet.

Aber entdecken Sie diesen wunderschönen Ort und die Vorzüge der einzelnen Buchten am besten einfach selbst. Ein Besuch lohnt sich auf jeden Fall.

Auch der Besuch der Buchten kostet keinen Eintritt. Lediglich für die Parkgebühren sollten Sie wieder ein paar Kuna einplanen. Mit dem Auto kommen Sie bis zu den ausgeschilderten Parkplätzen. Die Buchten sind dann allerdings alle nur noch fußläufig zu erreichen.

Übrigens gibt es in der Nähe auch ein Restaurant, in welchem Sie sich wieder stärken können.

TROPFSTEINHÖHLE BAREDINE

Die Höhle befindet sich in der Nähe der Stadt Poreč. In den fünf Sälen der Höhle können Sie zum einen wunderschöne Tropfsteinformen begutachten und zum anderen bekommen Sie dort auch die seltenen Grottenolme zu sehen.

Von April bis Oktober beginnt zweimal pro Stunde eine etwa 40- minütige Tour durch die Höhle. In den restlichen Monaten des Jahres muss eine Führung mindestens einen Tag vorher angemeldet werden. Auch hier werden Touren in unterschiedlichen Sprachen, unter anderem natürlich in Deutsch, angeboten.

Da Sie bei der Führung durch die Höhle teilweise 60 Meter in die Tiefe gehen, empfiehlt es sich auch hier, eine Jacke mitzunehmen, da es etwas frisch werden kann.

Die Höhle ist auf jeden Fall ein Erlebnis der anderen Art und bietet Abwechslung zu den Sightseeing-Touren beziehungsweise Badeausflügen. Für den Eintritt müssen Sie 50 Kuna (etwa 7,00 Euro) einplanen. Kinder und Studenten zahlen auch hier wieder die Hälfte.

Sportliche Aktivitäten

AKTIVITÄTEN FÜR WASSERBEGEISTERTE

Istrien ist an drei Seiten vom Meer umgeben und hat daher ein großes Angebot an Wassersportaktivitäten zu bieten. Wenn Sie also zu denjenigen gehören, die in Ihrem Urlaub gern aktiv sind, dann sind Sie im Nordwesten der Insel genau richtig. Dort werden unter anderem ein paar Extremsportarten angeboten, welche Abenteurerherzen höherschlagen lassen.

Es besteht beispielsweise die Möglichkeit des Windsurfings. Dies ist eine Mischung aus Surfen und

Segeln und benötigt etwas Geschicklichkeit. Wenn Sie Interesse an diesem Sport haben, kann ich Ihnen das sogenannte „Gerdmella Surf Centar" sehr empfehlen. Die kompetenten Surflehrer zeigen Ihnen genau, wie Sie mit Wind und Wellen richtig umgehen. Das Centar befindet sich in der Nähe von Pula. Auf der Homepage finden Sie unter www.surfpomer.hr genaue Informationen.

Für jede Erfahrungsstufe werden dort passende Kurse angeboten. Wenn Sie noch unentschlossen sind, ob dies der richtige Sport für Sie ist, dann ist der dort angebotene 45- minütige Test- Kurs genau das richtige für Sie. Für diesen zahlen Sie 230 Kuna (entspricht 31 Euro).

Außerdem können Sie bei diesem Anbieter auch einen sechs- oder achtstündigen Basiskurs absolvieren. 6 Stunden kosten Sie dabei 920 Kuna (entspricht 131,00 Euro). Für 8 Stunden zahlen Sie 1.085 Kuna (entspricht 155,00 Euro). Auch ein Kurs für Fortgeschrittene wird angeboten. Dieser dauert etwa 5 Stunden und kostet Sie 887 Kuna (entspricht 117,00 Euro). In den genannten Preisen ist übrigens die komplette Ausrüstung, Sie zum Windsurfen benötigen, enthalten.

Ansonsten kann man sagen, dass dieser Sport ungefähr ab einem Alter von 10 Jahren geeignet ist. Wenn Sie also ohne Kinder verreisen, kann ich Ihnen diese sportliche Aktivität sehr empfehlen. Planen Sie am besten für den folgenden Tag einen Strandtag ein, denn Windsurfing ist gerade für Anfänger sehr anstrengend und verursacht teilweise starken Muskelkater.

Wenn Sie eher für die faszinierende Unterwasserwelt zu begeistern sind, dann müssen Sie unbedingt einen Tauchkurs machen. Eine gute Tauchschule finden Sie zum Beispiel in Pula. Die Schule nennt sich „Hippocampus Diving Center". Schauen Sie gern einmal auf der Homepage unter www.hippocampus.hr vorbei.

Sofern Sie nur einmalig tauchen möchten, empfiehlt sich der dort angebotene Schnupperkurs. Bei diesem Kurs sind Sie in einer kleinen Gruppe unterwegs und können so entspannt lernen, wie man richtig mit der Tauchausrüstung umgeht. Auch hier kann man sagen, dass ein solcher Kurs etwa ab einem Alter von 10 Jahren geeignet ist. Sie sind etwa 1,5 Stunden bis 2 Stunden unterwegs und müssen dafür 470 Kuna (entspricht 63,00 Euro) bezahlen. Die notwendige Ausrüstung ist im Preis bereits enthalten. Ich kann Ihnen diesen Kurs nur ans Herz legen. Es ist wahnsinnig beeindruckend, mal einen Blick unter die Wasseroberfläche zu werfen und die dort lebenden Tiere zu beobachten und die Pflanzenwelt unter Wasser zu entdecken.

Sie sind bereits erfahrener Taucher? Dann ist die Erkundung eines echten Schiffswracks oder auch ein Nachttauchgang ein spektakuläres Erlebnis. Schauen Sie dafür am besten auf der Homepage nach, welcher Tauchgang Sie anspricht. Eine Buchung können Sie direkt auf der Homepage oder direkt vor Ort vornehmen.

Sofern Sie nicht in die Tiefe tauchen möchten, sind eine herkömmlichen Taucherbrille und ein Schnorchel vollkommen ausreichend, um einiges von der Unterwasserwelt zu sehen. Da das Wasser um Istrien sehr klar ist, werden Sie auch einige spannende Entdeckungen machen und sparen dabei natürlich auch noch einiges an Geld.

Wenn Sie lieber über dem Wasser bleiben und nicht ganz so viel Action benötigen, gefällt Ihnen sicherlich eine Kajakfahrt. Bei Istrakayak werden verschiedene Touren angeboten, welche alle Ihren eigenen Reiz haben. Auf der Homepage des Anbieters finden Sie unter www.istrakayak.com einige tolle Eindrücke. Atemberaubend ist beispielsweise eine Kajaktour bei Vollmond. Egal ob groß oder klein, Sie werden definitiv begeistert sein. Aber auch eine Höhlentour mit dem Kajak bietet viele unvergessliche Momente. Für diese Tour müssen Sie beispielsweise 409 Kuna (entspricht 54,00 Euro) bezahlen. Sie sind bei dieser Tour etwa 3 Stunden bis 3,5 Stunden unterwegs. Im Preis ist bereits die komplette Ausrüstung enthalten.

Wie bei fast allen beliebten Reisezielen, welche am Meer liegen, haben Sie auch in Istrien die Möglichkeit Jet-Ski, Bananenboot oder verschiedene Boote zu fahren. Auch Stand Up- Paddeln können Sie ausprobieren. Für Kinder sind die sogenannten Aqua- Parks immer ein Highlight. Dies sind auf dem Wasser angelegte Parks, welche beispielsweise Rutschen oder auch Trampoline enthalten. Einige der genannten Aktivitäten werden an den meisten großen Ständen angeboten.

Falls Sie im Westen der Insel unterwegs sind, empfiehlt sich der Besuch bei „Jet-Ski & Flyboard Rental Center". Alle oben genannten Aktivitäten werden dort angeboten und eine Menge Spaß ist dort garantiert. Sollten Sie Interesse am Jet-Ski fahren haben, empfehle ich Ihnen die Jet-Ski-Safaritour. Sie sind etwa 2 Stunden unterwegs und können ausgiebig über das Meer rasen. Der Preis von 2.000 Kuna (entspricht 280,00 Euro) ist allerdings nicht zu unterschätzen. Gerade für eine Familie ist dies ein sehr teurer Spaß. Aber falls Sie doch so eine Tour machen möchten, kann ich Ihnen versprechen, dass Sie nicht enttäuscht werden und die Investition auf jeden Fall nicht bereuen.

AKTIVITÄTEN AUF DEM LAND

Wer lieber auf dem Land bleiben, aber doch nicht vollständig auf Wasser verzichten möchte, ist im Aquacolors bestens aufgehoben. In diesem finden Sie viele Rutschen für Kinder und Erwachsene, Schwimmbecken für Groß und Klein, sowie ein paar Sport- und Spielplätze. Auch hier ist Spaß für jedes Alter garantiert. Der Park befindet sich in der Nähe von Poreč und ist sowohl mit dem Auto als auch mit den öffentlichen Verkehrsmitteln zu erreichen.

Ein Tagesticket für Erwachsene kostet 115 Kuna

(etwa 25,00 Euro). Für Kinder bis 15 Jahren kostet der Eintritt 145 Kuna (etwa 19,00 Euro). Für eine Familie kommt da natürlich eine nicht unerhebliche Summe zusammen. Für zwei Erwachsene und zwei Kinder wird aber immerhin eine Sparvariante angeboten. Dieses Ticket kostet 580 Kuna (entspricht etwa 75,00 Euro), wodurch Sie wenigstens ein bisschen Geld sparen können.

Sie möchten die Insel auf eine etwas andere Art und Weise erkunden? Wie wäre es, dies zum Beispiel auf dem Rücken eines Pferdes zu tun? Für Pferdeliebhaber und Reitfans sicherlich ein absolutes Highlight.

„Sammy´s Ranch" ist für einen solchen Ausflug eine gute Anlaufstelle. Ihnen werden dort verschiedene geführte Routen angeboten, welche immer in kleinen Gruppen stattfinden. Für eine 45- minütige Runde müssen Sie 200 Kuna (etwa 28,00 Euro) einplanen. Diese kurze Runde eignet sich übrigens auch für Menschen, welche noch nicht viel Erfahrung mit dem Reiten haben. Die Pferde sind alle sehr lieb und wissen in der Regel schon von alleine, welche Route sie laufen müssen.

Sollten Sie ein absoluter Pferdeliebhaber sein

und bestenfalls schon Reiterfahrung haben, kann ich Ihnen die vierstündige Tour, bei welcher Sie mit den Pferden baden gehen, sehr empfehlen. Man könnte auch sagen, dass diese Tour ein absolutes Muss für Pferdeliebhaber ist. Ein atemberaubendes Erlebnis, an welches Sie sicherlich noch lange gern zurückdenken. Für diese Tour müssen Sie 700 Kuna, also etwa 95,00 Euro, bezahlen. Aber ich kann Ihnen versprechen, es lohnt sich!

Sofern nicht alle von Ihnen Pferdefans sind, können die anderen derweil auf Sammy's Ranch an einer geführten Quadtour teilnehmen. Für die 45-minütige Tour sind beispielsweise für ein Quad 200 Kuna (etwa 28,00 Euro) zu bezahlen.

> Tipp: Wenn Sie ein wenig Geld sparen möchten, können Sie sich auch ein Quad mit jemandem teilen. Dies würde dann für zwei Personen insgesamt 250 Kuna, also etwa 35,00 Euro, kosten.

Alle Ausflüge können Sie entweder über die Homepage unter www.samys-ranch.com buchen, oder auch direkt vor Ort.

Übrigens haben Sie auch in den großen Städten

häufig die Möglichkeit, sich ein Quad bei einem der vielen Anbieter auszuleihen. Vergleichen Sie dort aber unbedingt die Preise. Einige Anbieter nutzen bei solchen Dingen gern die Unwissenheit der Touristen aus.

Wie bereits in diesem Reiseführer erwähnt, eignet sich Istrien auch perfekt zum Wandern und Radfahren. Neben dem Naturpark Učka gibt es auch viele weitere schöne Regionen, welche Sie auf diese Weise erkunden können. Fahrradverleiher finden Sie teilweise auch in den kleineren Städten. In einigen Ferienhäusern stehen sogar Fahrräder zur Nutzung bereit. Also wenn Sie etwas Glück haben, müssen Sie diese nicht mal mehr gesondert anmieten. Achten Sie bei den Fahrrädern aus den Ferienhäusern aber unbedingt darauf, dass die Funktionen nicht eingeschränkt sind. In der Regel sind dies die durch den Besitzer entsorgten Fahrräder, sodass beispielsweise die Bremsen nicht mehr zu einhundert Prozent funktionieren.

Essen und Trinken

In Istrien finden Sie überwiegend mediterrane Küche. Allerdings besteht die kroatische Küche sozusagen aus vielen verschiedenen Küchen. Begründet ist dies darin, dass sowohl die geografische als auch die historische Zugehörigkeit häufig wechselten.

Grundsätzlich kann man sagen, dass zur kroatischen Küche viele Fleisch- und Fischspezialitäten sowie Eintöpfe und Suppen gehören. Die Fleisch- und Fischspezialitäten werden am liebsten gegrillt serviert. An den Küstenregionen finden Sie häufig auch gegrillte Calamari. Fleischspezialitäten aus Kroatien sind beispielsweise Raznjici und Cevapcici. Beides schmeckt sehr lecker und Sie sollten es während Ihres Aufenthalts in Istrien wenigstens einmal probiert haben. Für alle, die nicht so gern Fisch und Fleisch essen, gibt es auch viele leckere Pizzerien in Istrien.

Ansonsten ist es auch typisch für Istrien, dass Schinken mit Käse und Öl serviert wird. Vor allem für das leckere und hochwertige Öl ist Istrien sehr bekannt. Ihnen werden bereits bei der Anreise die vielen Stände auffallen, an welchen Sie Olivenöl kaufen können. Ich kann Ihnen empfehlen, unbedingt eine Flasche mit nach Hause zu nehmen. Die hochwertige Qualität macht sich direkt im Geschmack bemerkbar. Eine Flasche Öl aus Istrien ist übrigens auch ein tolles Urlaubsmitbringsel, über welches sich Ihre Liebsten daheim sicherlich freuen.

Zum Essen trinken Sie am besten einen ortsüblichen Wein. In Istrien werden sowohl Weißweine als auch Rotweine gekeltert. Sie sollten daher unbedingt den einen oder anderen Wein aus Istrien probieren.

Grundsätzlich kann man sagen, dass die Preise in Restaurants etwas niedriger sind als in Deutschland.

Allerdings trifft dies hauptsächlich auf die kleineren Städte oder Dörfer zu. In den Touristenhochburgen sind die Preise teilweise deutlich höher. Für Pasta und Pizza müssen Sie etwa 40 Kuna bis 70 Kuna (5,00 Euro bis 10,00 Euro) einplanen. Für nicht alkoholische Getränke fallen etwa 15 Kuna (2,00 Euro) an und für Kaffee etwa 10 Kuna (etwa 1,30 Euro).

Trinkgelder werden in Kroatien nicht unbedingt erwartet, sind aber in der Regel auch noch nicht im Preis der Speisen beziehungsweise der Getränke enthalten. In Touristenregionen kann man aber schon sagen, dass dort ein Trinkgeld erwartet wird. Dieses sollte dann in etwa bei 10% des Gesamtrechnungsbetrages liegen. Aber natürlich nur, wenn Sie auch zufrieden waren. Ich bin der Meinung, dass man immer ein Trinkgeld geben sollte, auch wenn es nicht erwartet wird. Sie werden sehen, dass Sie vor allem den Bedienungen in den kleineren Ortschaften ein großes Lächeln auf das Gesicht zaubern werden und diese sich sehr darüber freuen werden. Dies liegt tatsächlich daran, dass nicht so viele Menschen ein Trinkgeld geben, da es nicht erwartet wird. Das Trinkgeld können Sie der Bedienung entweder direkt beim Bezahlen Ihrer Rechnung geben, oder Sie lassen es einfach auf dem Tisch liegen, wenn Sie das Restaurant verlassen.

Sollten Sie sich im Urlaub selbst versorgen, ist es empfehlenswert, sich die Lebensmittel in den bekannten Supermarktketten zu besorgen. Sie haben in Istrien beispielsweise die Möglichkeit, im Kaufland oder auch im Lidl Ihre Lebensmittel zu kaufen. Das Angebot und die Preise sind auch hier ähnlich wie in Deutschland.

Alternativ können Sie einige Lebensmittel auch auf den örtlichen Märkten kaufen. Sie erhalten dort sehr frische Ware mit guter Qualität und unterstützen beim Kauf auf dem Markt direkt noch die Bauern. Schauen Sie auf jeden Fall vorbei.

In vielen Städten und Dörfern gibt es kleine Minimärkte. Allerdings sind die Preise dort häufig etwas höher, da sonst kein weiterer Laden in der Nähe ist. Dort sollten Sie wirklich nur kleine Einkäufe tätigen.

Urlaub mit Kind

Istrien ist ein perfektes Reiseziel für einen Urlaub mit Kind. Die Einwohner sind sehr kinderfreundlich, sodass sich auch Ihr Kind sehr wohl fühlen wird.

Am Strand sollten Sie mit Kind jedoch ein paar Dinge beachten. Mit kleineren Kindern sollten Sie immer schauen, dass Sie einen Strand finden, am welchem das Meer nicht ausschließlich über eine Leiter zu betreten ist. Auch verlockende Strände, bei denen man auf ebenen Felsen in das Wasser gelangt, sind nicht zu unterschätzen. Diese sind häufig sehr glatt und es gibt versteckte Spalte, in welche die kleinen Kinderfüße hineinrutschen können. Dadurch können schlimme Verletzungen entstehen. Zum anderen gibt es im Meer auch Seeigel, auf welche man achten sollte.

Tipp: Kaufen Sie am besten noch Vorantritt der Reise gut sitzende Wasserschuhe mit fester Sohle. So können Sie Verletzungen vorbeugen.

Ein toller Sandstrand, welcher auch für kleine Kinder geeignet ist, befindet sich in Lopar. Der Strand ist zwei Kilometer lang und wird Sie glauben lassen, dass Sie im Paradies sind. Es sieht dort einfach traumhaft schön aus. Außerdem fällt der Strand flach ins Meer ab, so dass auch die Kleinsten am Wasser spielen können.

Einige Aktivitäten, welche Sie auch mit Kind in Istrien unternehmen können, wurden Ihnen bereits vorgestellt. Nun möchte ich Ihnen noch eine Empfehlung geben, welche man nur mit Kind unternimmt.

Ein Highlight für Kinder ist auf jeden Fall der Dinosaurierpark in Funtana. Es gibt in dem Park viele beeindruckende Dinos zu bestaunen. Zusätzlich befinden sich hier ein paar Fahrgeschäfte und auch einen Indoor – Spielplatz für Kinder, der den Eltern die Möglichkeit, entspannt im Restaurant eine Stärkung zu sich nehmen können. Eine weitere tolle Aktivität ist das Bogenschießen für Kinder. Wann hat man schließlich einmal die Gelegenheit, so etwas zu erleben?

Zweimal täglich wird vom 27.04. bis 16.09. außerdem eine Show angeboten, in welcher Akrobaten und Artisten ihr Können zeigen.

Für die Tierliebhaber gibt es weiterhin noch einen kleinen Kinderzoo. In diesem können Tiere gestreichelt und auf Ponys geritten werden.

In dem Park finden Sie ein sehr leckeres Grillrestaurant, mehrere Cafés und ein Fast Food Restaurant. Für ausreichend Stärkung ist also gesagt.

Erwachsene zahlen für ein Tagesticket 120 Kuna (etwa 16,00 Euro), Kinder von 3 bis 15 Jahren zahlen 100 Kuna (etwas über 13,00 Euro) und Kinder unter 3 Jahren haben sogar kostenlosen Eintritt. Bei Gruppen von mindestens vier Personen erhalten Sie sogar noch einen Rabatt von zehn Prozent. Für einen Park mit so vielen Aktivitäten, in welchem Sie auf jeden Fall einen vollen Tag verbringen können, sind dies meiner Meinung nach angemessene Preise. Das Essen ist als einziges natürlich nicht inklusive im Preis.

Urlaub mit Hund

GRUNDSÄTZLICHES

Istrien ist auch ein super Reiseziel für einen Urlaub mit Ihrem Hund. Grundsätzlich wurde immer gesagt, dass im Frühling und im Herbst die beste Reisezeit für Ihren Vierbeiner ist. Allerdings war es in Istrien in den vergangenen Jahren im Sommer nicht heißer als in Deutschland. Natürlich sollten Sie nicht zu viele Aktivitäten mit Hund planen, wenn Sie im Hochsommer nach Istrien reisen. Sicherlich wird Ihr Hund sehr erfreut sein, wenn Sie bei der Hitze viel Zeit am Strand verbringen und im Wasser toben.

In ganz Istrien gilt die Leinenpflicht. Teilweise besteht zusätzlich auch eine Maulkorbpflicht. Dies ist aber wirklich nur sehr selten der Fall. Dennoch sollten Sie diesen vorsichtshalber dabeihaben, um keine bösen Überraschungen zu erleben. Weiterhin sind natürlich immer Hundekotbeutel mitzuführen, um die Hinterlassenschaften zu entfernen.

Da die Menschen in Istrien sehr tierlieb sind, ist es auch kein Problem, den Hund in den öffentlichen Verkehrsmitteln mitzuführen. Große Hunde fahren beispielsweise zum halben Preis des normalen Tickets und kleine Hunde dürfen sogar kostenlos mitfahren. Der Preis des Tickets richtet sich dabei zunächst nach der Strecke, welche Sie zurücklegen möchten. Die öffentlichen Verkehrsmittel können gerade in der Hauptsaison sehr voll sein. Schätzen Sie daher ein, ob eine Fahrt mit den öffentlichen Verkehrsmitteln für Ihr Tier machbar ist oder ob dies zu stressig wird.

Auch in den meisten Restaurants sind Hunde gern gesehene Gäste und bekommen sogar einen kostenlosen Wassernapf bereitgestellt. Aber es gibt natürlich auch Ausnahmen. Erkundigen Sie sich daher vor dem Betreten des Restaurants, ob Hunde erlaubt sind. Sollten Sie draußen Platz nehmen, habe ich noch kein Restaurant erlebt, was Sie mit Hund ablehnt.

Bei Verletzungen Ihres Hundes müssen Sie sich auch keine Sorgen bezüglich der ärztlichen Versorgung machen. In Pula und in Poreč gibt es beispielsweise ausreichend Tierärzte. Aber auch im Landesinneren sind natürlich vereinzelt Tierärzte zu finden. Schauen Sie am besten direkt bei der Anreise, ob Sie eventuell an einer Tierklinik vorbeifahren. Falls nicht, ist es ratsam, sich im Internet oder an der Rezeption bereits nach einem Tierarzt in der Nähe zu erkundigen. So sind Sie bestens vorbereitet, falls Ihr Tier tatsächlich einmal umgehend zum Tierarzt muss.

HUNDESTRÄNDE

In Istrien gibt es elf offizielle Hundestrände, an denen Ihr Vierbeiner nach Lust und Laune toben darf. Die offiziellen Hundestrände erkennen Sie an einer angebrachten Flagge, auf welcher ein Knochen abgebildet ist. Außerdem gibt es in Istrien einige wilde Strände, an denen Ihr Hund nicht direkt erlaubt ist, aber in der Regel toleriert wird. Empfehlenswerter sind allerdings die ausgewiesenen Hundestrände, da diese in der Regel noch über eine Hundedusche und Trinkwasser verfügen.

An den ausgewiesenen Hundestränden darf Ihr Hund übrigens frei laufen. Die Leinenpflicht gilt dort nicht.

In Pula gibt es einen schönen Hundestrand, welcher sich am Strand Punta Verudela befindet. Auch in Poreč ist ein schöner Hundestrand. Der Strand befindet sich in der wunderschönen Bucht Materada. An beiden Stränden können Sie die Zeit mit Ihrem Vierbeiner ausgiebig genießen und gemeinsam durch das Meer schwimmen.

Weitere Informationen zu den Hundestränden finden Sie unter https://www.kroati.de/kroatien-infos/hundestraende.html. Nehmen Sie bitte Rücksicht und nehmen Sie Ihren Hund nicht mit an Strände, an welchem Hunde ausdrücklich verboten sind.

Urlaubsplanung

Es ist definitiv nicht leicht zu entscheiden, in welcher Region man am besten seine Unterkunft für den Urlaub bucht.

Sollten Sie sich für mindestens 10 Tage in Istrien aufhalten und mit dem eigenen Auto angereist sein, empfehle ich, dass Sie die erste Urlaubhälfte an der Küste verbringen. Buchen Sie sich ein schönes Hotelzimmer in Pula und genießen Sie die Vorzüge der Stadt. Pula ist ein guter Startpunkt, um andere schöne Küstenstädte zu erkunden oder auch ein paar Wasseraktivitäten nachzugehen. Gehen Sie abends in Bars und genießen Sie den Trubel der

Touristenhochburg.

Für die zweite Urlaubshälfte buchen Sie sich dann ein Ferienhaus im Landesinneren. Von dort aus sind die Fahrtwege zu den sehenswerten Orten im Landesinneren nicht so weit. Außerdem genießen Sie im Landesinneren absolute Ruhe, sodass Sie sich perfekt entspannen können.

Diese Teilung ist eine schöne Lösung, wenn man möglichst viel von Istrien sehen möchte und dabei sowohl das Leben in der Großstadt als auch in einem Dorf hautnah erleben möchte.

Reisekasse

Falls Sie mit dem Auto anreisen, müssen Sie für die Strecke von München bis nach Pula etwa 60 Euro für den Sprit einplanen. Der gleiche Preis fällt natürlich noch mal für den Rückweg an. Dazu kommen noch die genannten Vignetten von insgesamt etwa 85,00 Euro für die Hin- und Rückfahrt.

Wie Sie sicherlich mitbekommen haben, ist das Preisniveau in Istrien ähnlich wie in Deutschland. Sollten Sie im Urlaub Selbstversorger sein, können Sie sich bei den Lebensmittelpreisen an denen in Deutschland orientieren. Wenn Sie lieber Essen gehen möchten, können Sie davon ausgehen, dass die Preise etwas geringer sind als in Deutschland. Einen deutlichen Unterschied gibt es da allerdings nicht.

Weiterhin ist das Reisebudget natürlich abhängig davon, wie vielen Aktivitäten Sie nachgehen möchten. Einige Highlight mit den zugehörigen Preisen habe ich Ihnen in diesem Reiseführer aufgeführt. Schauen Sie einfach, an welchen Sie Interesse haben und planen Sie das entsprechende Geld ein.

Es ist schwer, pauschal zu sagen, wie viel Geld Sie für die Reise einplanen sollten. Jeder hat unterschiedliche Bedürfnisse und Erwartungen, sodass Sie sich anhand des Reiseführers am besten selbst orientieren, wie viel Geld in die Urlaubskasse muss.

Kurzes Schlusswort

Ich hoffe, dass dieser Reiseführer Ihnen Lust auf einen aufregenden und reizvollen Urlaub in Istrien gemacht hat. Ich wünsche Ihnen daher nun viel Spaß bei der Planung und dann natürlich ganz viel Spaß bei Ihrem unvergesslichen Urlaub in Istrien.

Herstellung und Verlag:

BoD – Books on Demand, Norderstedt

ISBN: 9783751971096

1. Auflage

Kontakt: Psiana eCom UG/ Berumer Str. 44/ 26844 Jemgum

Covergestaltung: Fenna Larsson

Coverfoto: depositphotos.com